D1712208

Für meine Eltern

Die Deutsche Bibliothek — CIP-Einheitsaufnahme
Barklem, Jill:
Brombeerhag — auf ans Meer/Jill Barklem (Aus d. Engl.
von Ilse Walter). — Wien; München:
Betz, 1992.
ISBN 3-219-10533-5
NE: HST

B 637/1
Alle Rechte vorbehalten
Aus dem Englischen von Ilse Walter
Originaltitel «Brambly Hedge — Sea Story», erschienen bei
William Collins Sons & Co. Ltd., London — Glasgow
© Text und Illustrationen Jill Barklem 1990
Published by arrangement with HarperCollins Publishers Ltd.
The author/illustrator asserts the moral right
to be identified as the author/illustrator of this work.
© der deutschsprachigen Ausgabe 1992 by Annette Betz Verlag
im Verlag Carl Ueberreuter, Wien — München
Printed in Hong Kong
3 5 7 6 4 2

BROMBEERHAG
AUF ANS MEER!

Jill Barklem

ANNETTE BETZ VERLAG

Es war ein strahlender Sommermorgen. Primelchen erwachte früh, schlüpfte in die Kleider und huschte auf Pfotenspitzen in die Küche, wo ihre Mutter bereits Ölzeug und einen Südwester in einen kleinen Seesack packte.

»Rasch, rasch!« sagte sie. »Nimm den Apfel und iß ihn unterwegs. Wir kommen später nach und winken euch zum Abschied.«

Die Sonne lachte schon vom Himmel, und eine leichte Brise raschelte in den Blättern von Brombeerhag.

»Spitze!« sagte Primelchen. »Gerade recht für ein Abenteuer.« Sie rannte über das Feld und durch hohes Gras hinab zum Fluß.

Gussi, Harry und Wilfried waren eben dabei, Proviant in Harrys Boot zu verladen.

»Da bist du ja«, sagte Harry. »Hab' schon gedacht, wir müssen ohne dich in See stechen.

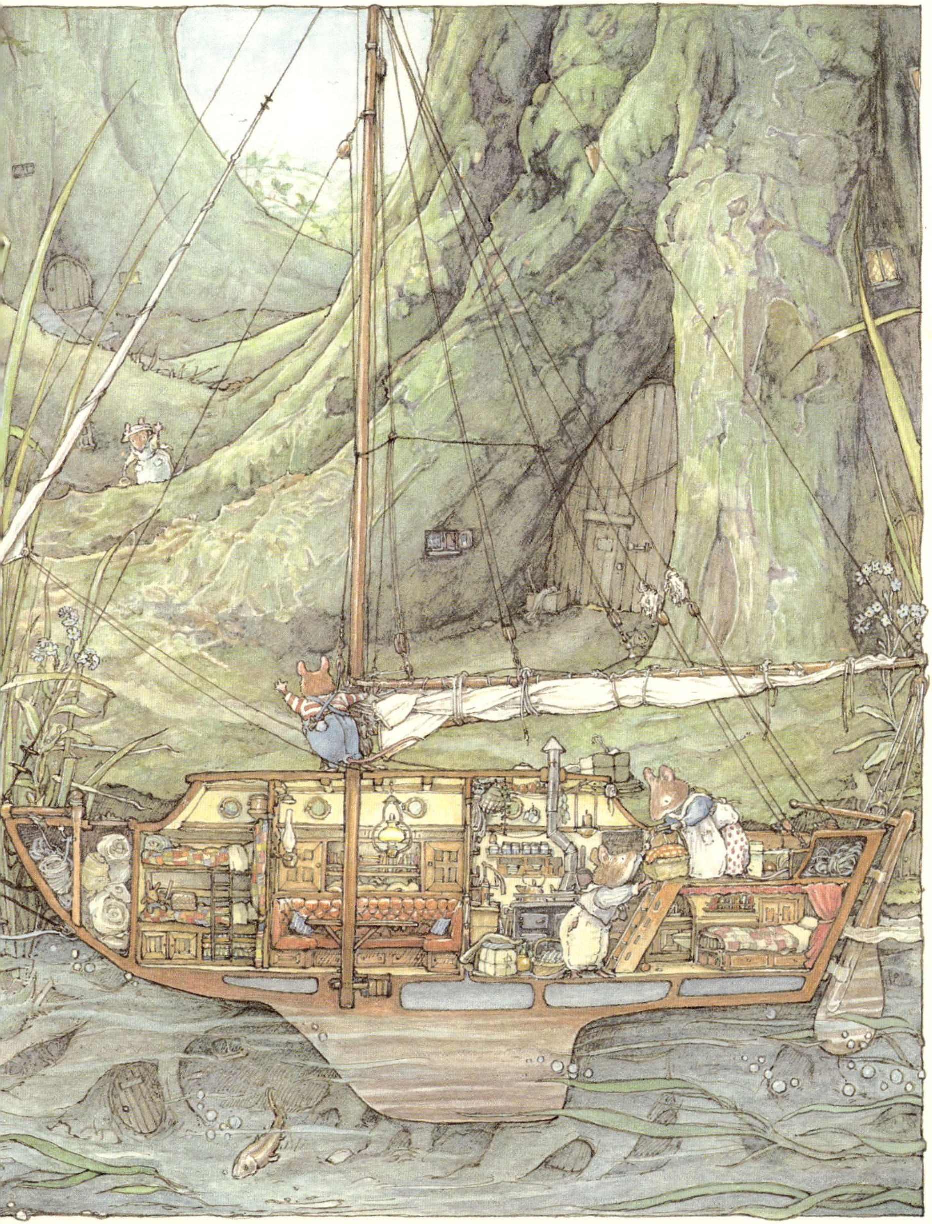

Wilfried half Primelchen, ihren Seesack unter Deck in die Kajüte zu schaffen.
»Schau!« Er wies auf eine vergilbte Karte, die auf dem Meßtisch ausgebreitet war.
»Können wir darauf unsere Route finden?«
»Ja. Das ist die alte Salzhändlerkarte. Hier liegt Brombeerhag, und hier«, er wies auf eine blaue Schlangenlinie, »müssen wir segeln, den Fluß hinunter bis ans Meer.«
Am Ufer hatte sich eine Schar von Mäusen versammelt, um beim Ablegen des Schiffes dabeizusein.

»Wird auch alles gutgehen?« fragte Frau Apfel
besorgt. »Harry ist noch nie so weit hinausgesegelt.«
»Na hör mal!« sagte Herr Apfel. »Wenn die Seemäuse
das Salz zu uns heraufschaffen können, wird Harry
doch wohl imstande sein, es zu holen.«
»Ich weiß gar nicht, wieso wir plötzlich kein Salz
mehr haben«, sagte Frau Apfel. »Vielleicht hätte ich
die Walnüsse nicht einsalzen sollen.«
»Hör auf zu jammern«, sagte Herr Apfel. »Sieh doch,
sie stechen in See.«
»Alle Mann an Bord?« rief Harry. Er hißte das Segel,
stieß ab und manövrierte die *Meerschnecke* in die
Strömung. Die Fahrt begann.

Die frische Brise trug sie rasch stromabwärts.
Primelchen und Wilfried standen an der Reling und
winkten, bis niemand mehr in Sicht war, dann
machten sie sich eilends daran, das Boot zu erkunden.
Sie wählten jeder eine Koje – Primelchen die obere,
Wilfried die untere – und verstauten ihre Spielsachen
und Kleider. Dann rannten sie nach oben, um
Harry beim Segeln an die Hand zu gehen.

Gussi hatte inzwischen einen Imbiß vorbereitet, den sie an Deck einnahmen, während Bäume und Uferböschungen an ihnen vorbeizogen.
»Der Wind frischt auf«, sagte Harry und ließ die *Meerschnecke* dahinschießen. »Seht nach, ob alles festgezurrt ist.« In diesem Augenblick begann das Boot zu krängen. Es neigte sich zur Seite, und ein Apfel kollerte auf Deck.
»Darf ich steuern?« fragte Wilfried.
»Nicht bei diesem Wind, Kumpel.«
»Wir fahren aber ziemlich schnell«, sagte Gussi.
»Ganz recht! Wir werden im Handumdrehen am Ziel sein«, rief Harry fröhlich und zog an der Segelleine.

Den ganzen Nachmittag lang flog die *Meerschnecke* pfeilschnell dahin, vorbei an Binsen, Bäumen und Feldern.
»Haltet Ausschau nach einem geschützten Plätzchen, wo wir die Nacht über vor Anker gehen können«, sagte Harry. »Mir gefällt der Himmel nicht.«
»Sollen wir vielleicht *hier* bleiben?« fragte Gussi, als sie um eine Windung des Flusses bogen. Harry steuerte die *Meerschnecke* ans Ufer, und Gussi befestigte ein Tau an einem Wurzelstock.
Sie waren alle froh, unter Deck in die Wärme zu kommen. Gussi steckte die Lampen an und wärmte Suppe auf dem Öfchen.
Nach dem Abendessen saßen sie rund um den Tisch, erzählten Geschichten und sangen, bis es Zeit war, zu Bett zu gehen. Die Kinder, müde von der frischen Luft, kuschelten sich glücklich in ihre Kojen.
Die Wellen schlugen an die Wände der *Meerschnecke* und wiegten die beiden sanft in den Schlaf.

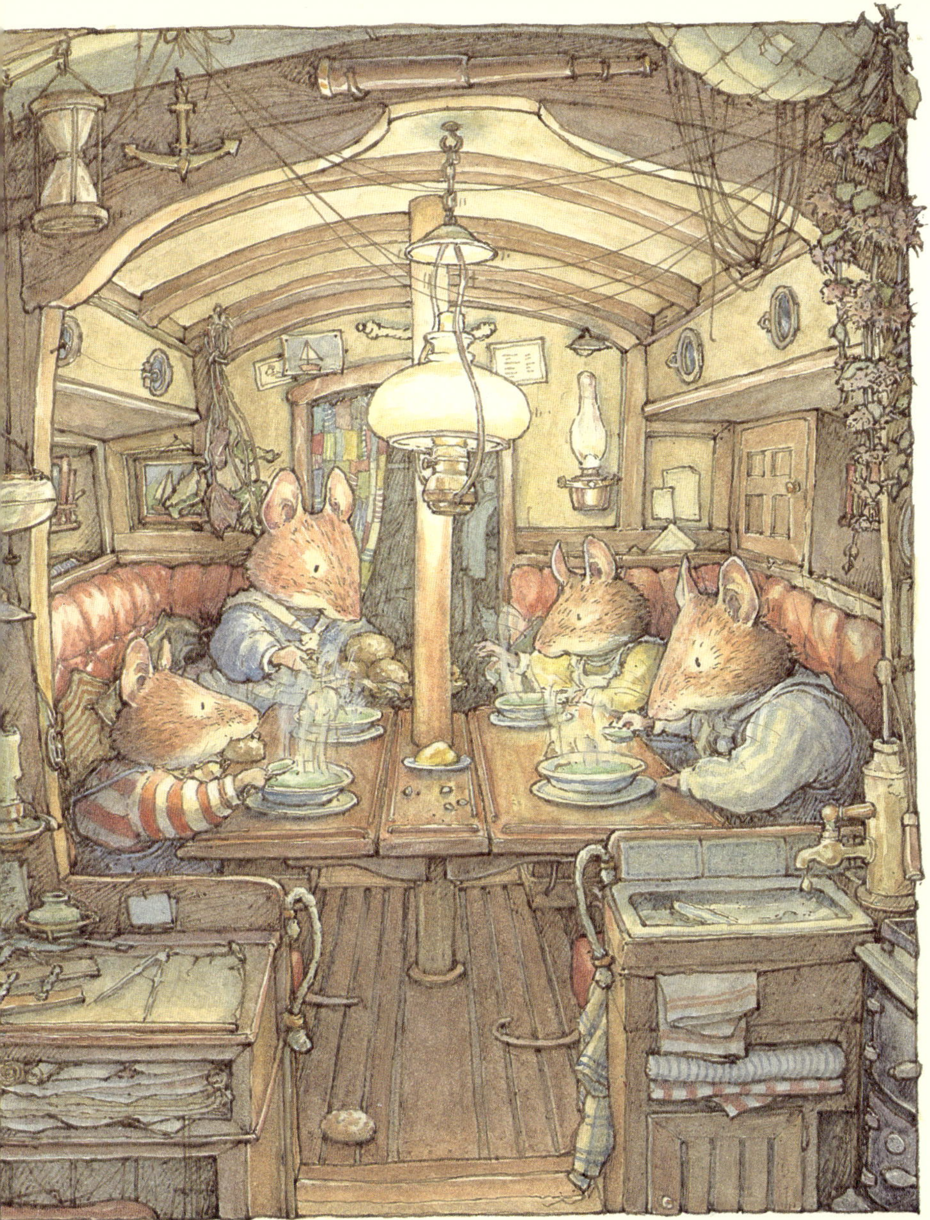

Am nächsten Morgen erwachte Primelchen vom Wehen des Windes in den Weiden. Gussi war schon auf und röstete Brot. Harry und Wilfried standen am Meßtisch und studierten die Karte.
»Heute braucht man warme Kleider«, sagte Gussi.

Die Segel wurden gehißt, die Fahrt ging weiter. Wilfried half Harry an Deck, und Primelchen hielt nach Landmarken Ausschau, die Gussi auf der Karte suchte.
Der Tag verflog rasch, während das Boot zwischen den breiten Ufern des Flusses dahinglitt. Als es Zeit für den Tee war, stand der Entschluß der Kinder fest: sie wollten Forschungsreisende werden!

»Seht doch! Dort liegt Seewiesel!« rief Wilfried.
Er hüpfte in die Plicht, stolperte über ein Tau und
stieß die Ruderpinne aus Harrys Pfote. Harry
grapschte danach, aber es war zu spät – das Boot
schwang herum und trieb zum Ufer. Es gab ein
gräßlich scharrendes Geräusch, und die *Meerschnecke*
saß fest. Sie waren auf Grund gelaufen.
»Nun kommen wir *nie* ans Meer«, jammerte
Primelchen.
Wilfried ließ den Kopf hängen; er war den Tränen
nahe. »Tut mir leid, Harry«, stammelte er.
»Heut' abend können wir die *Meerschnecke* nicht mehr
flottmachen«, seufzte Harry, der versuchte, das Boot
mit einem Ruder wegzustaken. »Wir wollen unter
Deck gehen und unser Abendbrot essen.«

Am nächsten Morgen empfing heftiger Regen die Mäuse. Als Harry durch das Bullauge spähte, sah er, daß der Wasserspiegel in der Nacht gestiegen war und das Boot wieder flottgemacht hatte.
»Hurra!« rief er und stürzte auf Deck zur Ruderpinne. »Holt die Karte, ich glaube, wir sind bald am Ziel.«
Primelchen wies nach vorn. »Das muß Möwenfels sein. Ich kann einige Boote erkennen.«
Als sie näher kamen, sahen sie etliche Wasserspitzmäuse, die am Ufer angelten.
Harry formte die Pfoten zum Trichter und rief: »Bringt uns dieser Kurs zur Sandbucht?«

»Am besten, ihr geht hier vor Anker und nehmt den Weg über die Klippen«, sagte eine der Wasserspitzmäuse.
Harry vertäute das Boot neben den anderen, und die vier Mäuse gingen an Land. Langsam stiegen sie den steilen Pfad zwischen den Pinien bergan.
Endlich waren sie oben angelangt. Und da lag es vor ihnen, glitzernd in der Nachmittagssonne ...

... das Meer.

»Ist das *groß*!« japste Primelchen.

»Und so blau!« fügte Wilfried hinzu.

Sie hielten sich am Strandhafer fest, als sie hintereinander den Pfad hinunterschlitterten.

»Wohin nun?« fragte Primelchen.

Harry schaute auf die Karte. »Nach rechts«, sagte er, »vorbei am Seeleimkraut.«

Gussi sah als erste die Gruppe von Mäusen, die vor einer Tür in den Dünen saß.

»Verzeihung«, rief sie, »wir suchen Sebastian Salzapfel!«

»Das bin ich!« antwortete der Mäuserich.

Harry lief erfreut hin, um ihm die Pfote zu schütteln. »Wir kommen aus Brombeerhag«, erklärte er. »Uns ist das Salz ausgegangen.«

»Euch hat ein glücklicher Wind hierhergebracht«, sagte Sebastian. »Darf ich euch mit meiner Familie bekannt machen. Das ist meine Frau Nelli, und das sind meine Kinder Kilian, Karin und Katrinchen.«

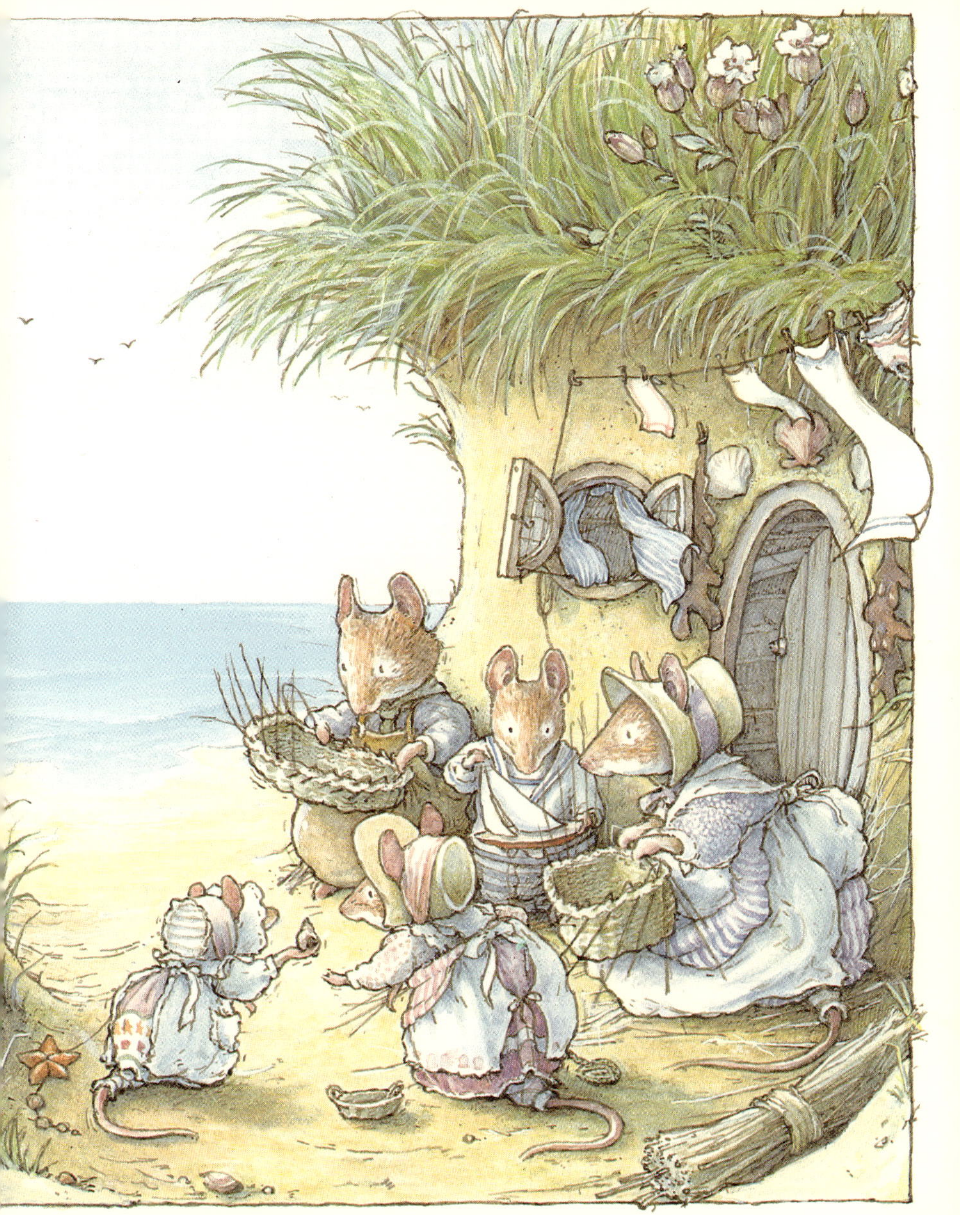

»Ihr müßt ja ganz erschöpft sein«, sagte Nelli.
»Kommt ins Haus und macht es euch bequem. Ich nehme an, ihr wollt euch die Pfoten waschen.«
Sie führte die Gäste ins Bad. »Das hier ist Wasser zum Waschen«, sagte sie und wies auf eine Kanne, die auf dem Boden stand. »Wenn ihr trinken wollt, kommt bitte in die Küche.«
Harrys und Gussis Schlafzimmer hatte Fenster zum Meer. Primelchen und Wilfried sollten im Kinderzimmer schlafen.

Gussi ließ die beiden auspacken und machte sich auf die Suche nach Nelli. Sie fand sie in der Küche, wo sie geschäftig braune Büschel in einem Sieb wusch.
»Habt ihr jemals Seetang gegessen?« fragte sie.
»Nein«, erwiderte Gussi. »Aber ich bin sicher, es lohnt den Versuch.«

Bald darauf saßen sie rund um den Tisch und aßen zum erstenmal Meereskost.
»Was ist denn das?« fragte Wilfried vorsichtig und stocherte in dem Berg Gemüse auf seinem Teller.
»Glaskraut«, sagte Kilian.
»*Muß* ich das essen?« wisperte Wilfried.
Gussi räusperte sich warnend und fragte rasch: »Wie lange leben die Salzapfels schon hier, Sebastian?«
»Unsere Familie ist seit Generationen in dieser Düne ansässig. Vor langer Zeit haben unsere Vorfahren Grünfeld verlassen und sich hier angesiedelt. Wir waren nie in der alten Heimat, und ich frage mich oft, wie es dort wohl aussieht.«
Man unterhielt sich über die unterschiedliche Lebensweise in den Hecken und am Meer.
»Ich hab' euch etwas aus Brombeerhag mitgebracht«, sagte Gussi und packte ihren Korb aus. Die Seemäuse fanden Frau Apfels Honigkuchen und das Erdbeergelee sehr süß und fremdartig; die kandierten Veilchen mußten aus Katrinchens Reichweite gebracht werden.
»Ins Bett, Kinder«, sagte Nelli. »Morgen geht's an den Strand.«

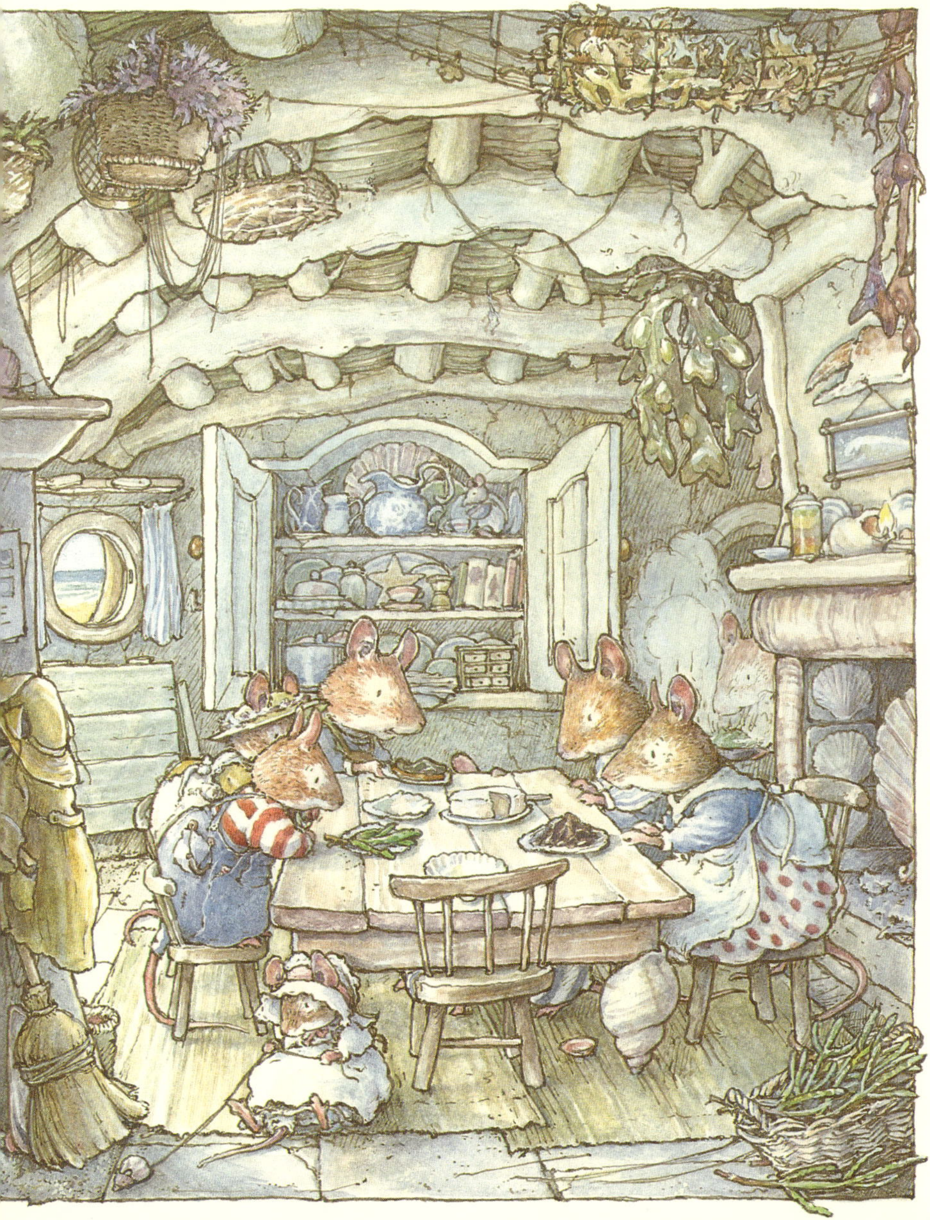

Als die Kinder erwachten, wollten sie sofort ans Meer.
»Ihr müßt Sonnenhüte aufsetzen«, sagte Nelli.
»Heute wird es heiß. Wir verbringen den Tag am Strand und halten dort ein Picknick.«

Während Kilian und Wilfried eine Sandburg bauten, suchten Karin und Primelchen in den Tümpeln nach Schätzen aus dem Meer. Katrinchen tobte über den Strand und war jedermann im Weg.
Die Erwachsenen saßen auf einer Decke und plauderten über Freunde und Verwandte, während sie ein Auge auf die Kinder hatten.
Plötzlich bemerkte Gussi, daß die Wellen den Strand hinaufleckten, und sie rief die Kleinen zurück.
»Das ist die Flut«, erklärte Sebastian. »Sie kommt und geht zweimal am Tag. Der Strand wird bald unter Wasser stehen. Zeit, nach Hause zu gehen.«

Am Morgen des dritten Tages sah Wilfried, daß sich dunkle Wolken über dem Meer zusammenballten. Sebastian hastete an der Kinderzimmertür vorbei. »Ich muß die Salzpfannen zudecken, bevor der Sturm losbricht. Helft mir!«
Sie rannten durch einen unterirdischen Gang zur Rückseite der Düne, hinaus in den aufkommenden Sturm. Sebastian hißte eine rote Flagge, dann kletterten sie durch das Riedgras hinunter zu den Salzpfannen. Wilfried sah zwei große Vertiefungen im Boden; eine war bedeckt, die andere lag offen.

Sebastian lockerte den Riegel und bemühte sich, die
Abdeckung von einer Pfanne auf die andere zu
hieven.
»Was ist da drin?« rief Wilfried.
»Wir füllen die eine Pfanne mit Meerwasser«, sagte
Sebastian. »Die Sonne läßt das Wasser verdunsten,
und das Salz bleibt zurück. In der anderen Pfanne
sammeln wir Regenwasser zum Trinken.«
Sie waren kaum fertig, da setzte der Regen ein. Als sie
daheim ankamen, schlugen bereits so hohe Wellen an
den Strand, daß die Gischt bis an die Fenster spritzte.

Drinnen im Haus war es dunkel. Nelli machte Feuer
im Kamin des Kinderzimmers und schneuzte die
Lampe. »Manchmal müssen wir tagelang im Haus
bleiben«, sagte Karin.
»Vor allem im Winter«, fügte Kilian hinzu.

Die Kinder spielten Domino und Tricktrack und machten Bilder aus Seetang. Kilian half Wilfried, ein kleines Boot mit Segeln und Takelage zu bauen, und Primelchen bemalte eine wunderschöne Steinmaus als Geschenk für ihre Mutter.

In der Nacht hatte sich der Sturm gelegt. Am Morgen trat Sebastian vor die Tür, prüfte den Seetang und hielt die Pfote in den Wind.
»Gute Aussichten für eure Heimreise«, sagte er.
»Dann sollten wir so bald wie möglich aufbrechen«, meinte Harry.
»Wir müssen das Salz aus dem Speicher holen«, sagte Sebastian. »Werden drei Fässer reichen?«
Während die Erwachsenen eifrig am Werk waren, spielten die Kinder Verstecken in dem Gängegewirr unter der Düne. Sie verbargen sich in Vorratsräumen voll mit getrocknetem Seetang, hinter Gefäßen mit Eingemachtem und Wurzeln und Bergen von schimmernden Muscheln.
»Wollt ihr unseren Schutzraum sehen?« fragte Kilian, als er alle gefunden hatte. Er führte sie in eine Flucht von kalten, dunklen Kammern im Herzen der Düne.
»Hierher kommen wir, wenn es wirklich stürmt«, sagte Karin. »Hier sind wir sicher.«
»Kinder, wo seid ihr?« hörte man Nelli besorgt rufen. »Es ist Zeit zur Abfahrt.«

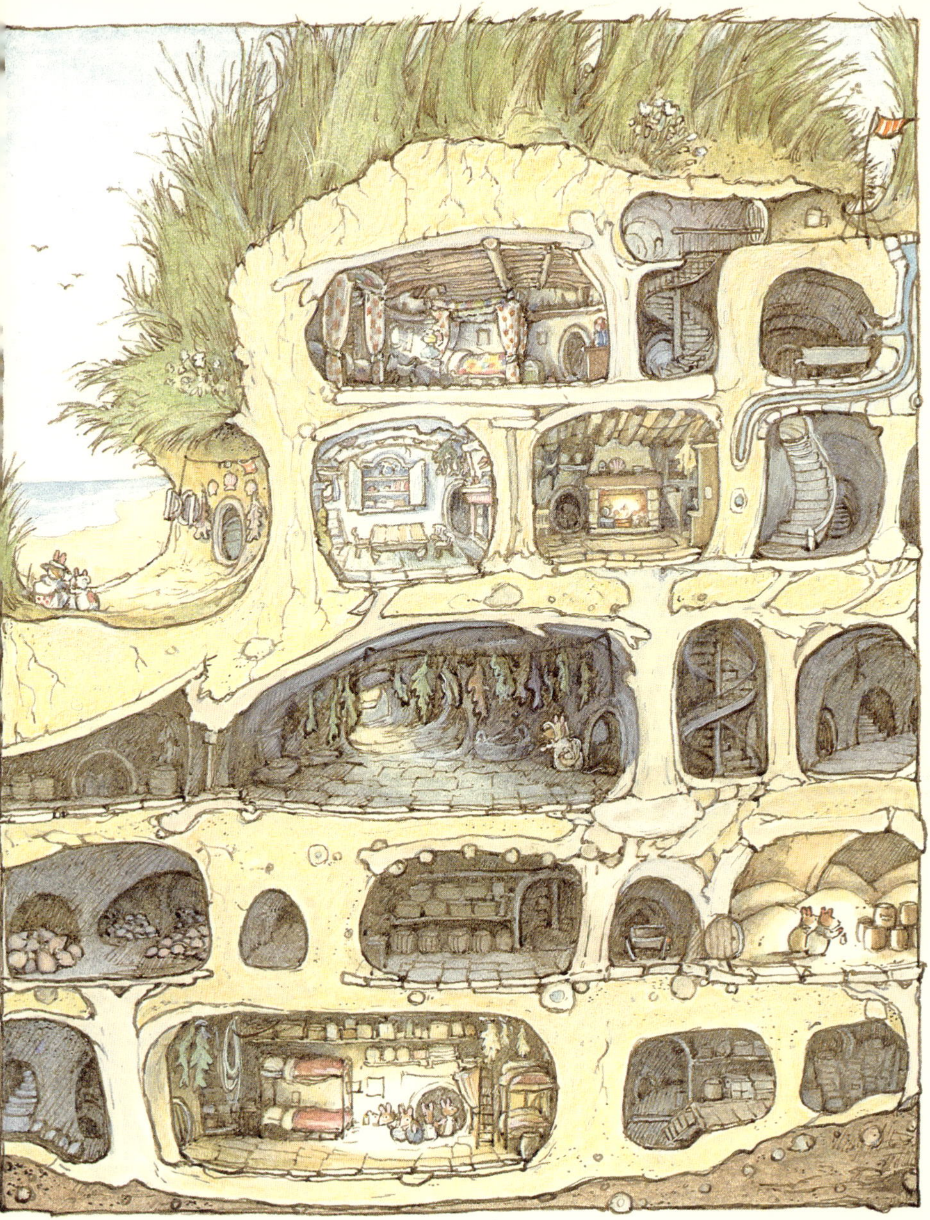

Widerstrebend trotteten Primelchen und Wilfried in das Kinderzimmer, um zu packen. Wilfried verstaute das Boot in seinem Proviantbeutel und die Steinsammlung in seiner Hosentasche. Primelchen stand am Fenster und lugte hinaus.
»Mag nicht fort«, sagte sie.
»Wir haben ein Geschenk für euch«, sagte Kilian rasch. »Eine ganz besondere Muschel. Wenn ihr sie ans Ohr haltet, hört ihr das Rauschen des Meeres. Das wird euch an uns erinnern.«

Harry und Sebastian schafften die Salzfässer auf einen Karren, und die kleine Gesellschaft, beladen mit Geschenken, machte sich auf den Weg.

Sie kletterten den steilen Pfad zur *Meerschnecke* hinunter und schafften alles an Bord, was allerdings nicht ohne Schwierigkeiten abging.
»Haltet das Salz trocken!« sagte Sebastian.
»Kommt uns doch einmal besuchen«, bat Gussi.
»Wir würden euch gern Brombeerhag zeigen.«
»Alle Mann an Bord!« rief Harry.
»Aber keine blinden Passagiere«, fügte Gussi hinzu und zog Katrinchen aus einem Korb.

Sie umarmten ihre neuen Freunde zum Abschied und dankten ihnen für ihre Hilfe. Gussi löste die Taue, Harry hißte die Segel und steuerte das Boot wieder in den Fluß. Primelchen und Wilfried winkten, bis Karin und Kilian außer Sicht waren.

»*Ich handle mit Salz am salzigen Meer
und segle mit Stolz in der Welt umher.
's ist schön, wenn der Wind um die Masten weht,
doch noch schöner ist's, wenn's nach Hause geht*«,

sang Wilfried, als eine frische Brise die Segel blähte und die *Meerschnecke* flußaufwärts trieb.